AF227198

NOTICE

SUR LA VIE ET LES OEUVRES

D'ANDRIEUX

PAR

M. A. BARDOUX

AVOCAT.

Avec des qualités d'esprit souvent ordinaires, des écrivains de second ordre, nés à la fin du 18e siècle, ont cependant laissé une trace.

Si leur imagination ne ravissait pas, elle était ornée et sage; s'ils avaient moins de verve, d'éclat et de coups d'aile, on trouvait en eux plus de bon sens et plus de goût; s'ils séparaient trop l'esprit de l'âme, on leur pardonnait, tant ils donnaient à la saine philosophie et à la raison des formes attrayantes et véritablement françaises; s'ils lassaient moins l'opinion en ne parlant pas d'eux-mêmes, c'est que tous ces lettrés valaient mieux que leurs livres.

Il n'y avait pas alors de divorce entre le public et les écrivains. On voyait moins parmi les gens de lettres, de ces natures volages, que toutes les passions dominent tour à tour ; on voyait moins de ces intelligences d'élite, mais sans assiette, que toutes les idées entraînent successive-ment. L'unité de la vie et du caractère n'était pas chose rare ; et s'il fallait un exemple à l'appui de notre juge-ment, nous choisirions l'existence d'Andrieux.

§ I.

Andrieux fut homme d'esprit et homme de cœur ; ma-gistrat instruit et poète ingénieux et facile, il défendit la liberté à la tribune, et enrichit le théâtre de pièces de l'école de Molière ; conteur souvent comparable par son enjouement à Voltaire et à Lafontaine, il enseigna avec non moins de valeur que d'autorité l'art de penser et d'é-crire ; aimable dans le monde par les grâces d'une con-versation toujours piquante et par l'urbanité des mœurs, il a laissé un de ces rares exemples d'amitiés solides qui honorent plus qu'une comédie.

Il était né à Strasbourg en 1759, d'une famille humble qui le destinait au barreau. Envoyé à Paris pour ap-prendre le droit, il l'étudiait avec assiduité ; mais il nour-rissait en lui un goût vif et profond, celui des lettres, et il se consolait avec elles de l'aridité de ses études. Il y avait en ce temps, dans la rue des Anglais, une maison garnie où de jeunes étudiants, spirituels, aimables et pauvres trouvaient à bon compte des chambres tant bien que mal meublées; c'est là qu'Andrieux connut Collin d'Harleville.

Nous étions malheureux, c'était là le bon temps, écrivait plus tard l'auteur de l'*Optimiste*, se rappelant cette vie obscure, mais heureuse et occupée que Fontenelle même avait regrettée. Lui aussi, Vertot et l'abbé de Saint-Pierre s'étaient rassemblés dans une mansarde avec un extrême plaisir; jeunes alors, pleins de la première ardeur du savoir, fort unis, et, ce qu'ils ne comptaient pas pour un assez grand bien, peu connus.

Andrieux, durant ses moments de loisir, s'essaya à composer pour le théâtre. Le moment où la scène dramatique lui fut ouverte, était une époque peut-être unique. Les préjugés étaient anéantis, les pouvoirs dépouillés de leur prestige et de leur force. Beaumarchais venait de donner à l'esprit une direction nouvelle. Mais le caractère d'Andrieux eût répugné à suivre ce génie aventureux. Sa malice, désarmée d'ambition et d'envie, ne s'attaquait qu'à nos petits travers, à ces vices légers qui tiennent à l'homme de toutes les générations.

La société française n'était plus un salon où l'Europe venait se polir. La fougue des réparations, l'impatience des réformes avait déjà produit cette brusquerie de langage, cette rudesse de formes, que nous allions bientôt transporter dans nos actes.

Andrieux essaya d'arrêter cette tendance, en donnant dans *Anaximandre* le conseil de sacrifier aux grâces.

ι était une bluette grecque, mais de ce grec un peu dix-huitième siècle, qu'Anacharsis avait mis à la mode. La diction en était pure et élégante ; les sentiments agréables et gracieux.

La pièce réussit, et l'auteur justifia les espérances qui s'attachaient à son talent en donnant les *Etourdis*.

§ II.

Depuis le *Méchant*, la vraie comédie avait contracté tous les caractères d'une société oisive et raffinée. Infecté d'un prétendu bon ton, elle était devenue maniérée et minaudière, et parlait un langage faux et apprêté. Il n'était plus permis de mettre du bourgeois sur la scène. On eût dit qu'il n'y avait en France que des marquis et des comtesses, des chevaliers et des baronnes ; et tous ces personnages parlaient un jargon spirituel et précieux qu'on était convenu d'appeler le langage de la bonne compagnie. Les œuvres de Molière et de Régnard étaient à peu près abandonnées. Eloigné de cette société où la littérature était venue s'affadir, Andrieux rendit à la comédie un langage simple et vrai.

Vivant au milieu de la jeunesse des écoles, quand il écrivit les *Etourdis*, il lui emprunta ce tableau de jeunes gens échappés récemment à la surveillance de leur famille et jouissant de leur liberté avec l'entraînement du premier âge. D'Aiglemont et Folleville attachent et amusent toujours. La poésie facile et brillante rappelle la poésie légère de Voltaire. Le dialogue est gai et piquant et les situations comiques abondent. Les *Etourdis* firent la réputation d'Andrieux ; la vogue ne fut pas même arrêtée par le succès de *Figaro*.

N'étant pas né dans l'aisance, Andrieux sentit que ses talents devaient être le patrimoine de sa famille ; et, désertant le théâtre pour le barreau , il chercha dans cette autre carrière ce que la première n'avait point offert à ses besoins. La révolution grondait alors, et , en éclatant , elle emporta dans ses orages le jeune poète comique comme elle avait emporté tous les hommes de lettres depuis Champfort jusqu'à Marie Chenier.

§ III.

Andrieux salua avec joie la chute de la vieille société, mais ses illusions s'envolèrent et les excès de la Terreur l'obligèrent à chercher un refuge à Maintenon , dans la retraite où Collin d'Harleville était né, où il était revenu, où il vivait adoré des habitants du voisinage. Revenu à Paris quand les hommes paisibles y revenaient , il y trouva un emploi utile, devint juge au tribunal de cassation , puis député aux Cinq-Cents , et enfin membre du tribunat ; il fit un rapport distingué sur l'instruction primaire et un discours remarquable sur l'assassinat de Radstadt. Sincèrement libéral, mais à la façon de Sieyès ; prêchant l'amour des hommes et l'indulgence , il était aussi ferme dans son libéralisme éclairé que dans son opposition à toute espèce de despotisme.

Dans ses heures de repos il contribuait à la décade philosophique avec Cabanis, Chenier, Guinguené, tous continuateurs fidèles de l'esprit du dix-huitième siècle, qui pensaient comme Voltaire à une époque où Voltaire n'eût plus pensé de même, et qui écrivaient comme lui, sinon avec son goût, du moins avec son élégance.

Au tribunat, dernier asile laissé à la liberté, Andrieux combattit les mesures proposées par le premier consul, et quand le gouvernement, dans un coupable mouvement de colère, brisa ces résistances, il eut l'honneur d'être éliminé avec Daunou et Benjamin Constant.

Il ne regretta pas ces fonctions qu'il n'avait ni désirées, ni demandées, et il en sortit aussi pauvre qu'il y était entré. Il se réfugia dans les lettres, dans ses chères études qu'il n'avait jamais abandonnées, qui lui avaient procuré souvent du bonheur et lui avaient aidé à passer les mauvais jours de sa vie. Il se réfugia avec plus d'abandon encore au milieu de ses amis, Picard, Ducis et surtout Collin d'Harleville qu'il aimait plus qu'un frère.

Comédien et poète comme Shakespeare et Molière, Picard renouvelait l'exemple de cette puissance théâtrale qui enchante doublement le public et lui fait aimer dans l'auteur l'homme que chaque soir il voit et il applaudit. Dans la mobilité de cette époque, dans cette transformation subite des mœurs, il copiait à mesure que les personnages passaient devant lui.

Ducis, au contraire, n'avait rien du monde; il ne s'inquiétait pas de toutes les petites affaires et de toutes les ambitions de la vie; sauvage et doux, poète au plus haut degré, il ne portait aucun joug, pas même celui de son siècle.

Il essayait alors de produire Shakespeare sur la scène française, tandis qu'il n'avait qu'à suivre son imagination et son cœur pour créer avec autant de simplicité que d'éloquence.

Que dire de Collin d'Harleville? Simple, modeste, mélancolique, il ne s'occupait qu'à l'étude et se répandait peu. Tout à fait étranger à la jalousie, aux rivalités, à l'intrigue, il aimait les succès d'autrui, et ceux de ses amis le transportaient de joie. Noble jusqu'à la fierté, désintéressé jusqu'à l'insouciance, bienfaisant jusqu'à la prodigalité, il donnait sans calculer et s'appauvrissait sans s'en apercevoir.

§ IV.

Le véritable rôle d'Andrieux, au milieu de ces douces amitiés, c'était d'être le juge, le conseiller intime, le Despréaux familier et charmant. C'était, en général, à la diction que se bornait cette surveillance de l'aimable et fin aristarque. Lorsqu'il avait rayé de l'ongle un mot, il n'y avait rien à redire, et le vieux Ducis obéissait.

Union charmante d'intelligences d'élite que la mort vint bientôt briser : le premier qui partit était le plus cher.

Quelque temps avant de s'éteindre, Collin d'Harleville avait donné à son ami une nouvelle preuve d'attachement. Etant entré sans la moindre démarche à l'Institut, lors de sa formation, la première chose qu'il y avait faite avait été de proposer la nomination d'Andrieux, avec une telle chaleur et un accent si irrésistible, qu'il l'avait emportée, plus content que s'il eût été nommé lui-même.

L'auteur des *Etourdis* ne put se consoler de sa perte. « O mon ami, s'écria-t-il aux funérailles, fidèle com-
» pagnon de ma vie! où sont désormais nos travaux
» communs, nos amusements paisibles, nos lectures ché-
» ries et nos entretiens solitaires? J'ai tout perdu! »
En vain Ducis lui disait :

> Collin te manque, hélas! je le sens, je le vois!
> Mais, va, je t'aimerai pour Collin et pour toi.
> Hélas (répondait-il)! dans nos amis, nous-mêmes nous mourons;
> En leur donnant des pleurs, c'est nous que nous pleurons.

Et plus tard, en restituant à Collin un des meilleurs vers des *Etourdis*, il versa des larmes en songeant à la douceur de cette communication de pensée et de travaux avec un ami qui le comprenait si bien.

§ V.

Il y avait longtemps qu'Andrieux n'avait tenté de faire jouer une comédie, lorsque, comme essai de ce qui pouvait lui rester de talent et de force, il composa *Helvetius*.

Le succès l'encouragea dans ce genre de comédie historique que Collé avait mis à la mode; et le *Souper d'Auteuil* fut représenté peu après par un héritier du bon goût et de l'esprit de ses souvenirs. Est-ce un événement réel ou un conte fait à plaisir que ce fameux souper? Vraie ou supposée, l'anecdote appartenait de plein droit au poète. Une intrigue légère anime la pièce souvent égayée par les distractions du bon Lafontaine et les saillies plaisantes de Chapelle et de Lolly. Nous connaissons peu de scènes qui soient amenées avec plus d'à propos que celle où Molière composant son poème du *Val-de-Grâce*, s'interrompt pour recueillir les premiers vers de Philémon et Baucis que son ami fait et récite dans son sommeil...

Si le ton aisé, la justesse, la couleur gracieuse et variée répandue sur le dialogue suffisaient, ces œuvres d'Andrieux seraient des chefs-d'œuvre. Mais il y manque ce qui caractérise le génie, un nœud solide, une contexture forte et des caractères approfondis.

Le génie! la révolution ne l'épargnait même pas, et l'on voulait corriger Corneille. Andrieux osa bien faire quelques changements dans *Polyeucte* et dans *Nicomède!* Ils ne consistent qu'en des mots substitués à d'autres, en des vers rendus corrects ou plus clairs, et enfin dans quelques suppressions dans le rôle de Félix. Mais, dans ce faible et inutile travail, le critique fut respectueux et se mettant aux pieds du grand Corneille, il lui demanda la permission d'ôter quelques grains de poussière de son beau cothurne.

§ VI.

Là s'arrête la carrière dramatique d'Andrieux; il s'en
était ouvert une autre. Il n'y a pas de genre plus appro-
prié à la langue française, plus conforme à son génie que
le conte en vers; mais il n'y en a pas non plus peut-être où il
soit plus facile de faire des fautes. Andrieux a, dans des su-
jets tout nouveaux, rappelé le ton parfait et la charmante
élocution de deux maîtres, Lafontaine et Voltaire. Tous les
appréciateurs de la saine littérature ont aujourd'hui dans
la mémoire le *Doyen de Badajoz* et le *Meunier sans souci*.
Ils n'ont pas oublié non plus le *Procès du sénat de Capoue*
et le *Dialogue de Socrate et de Glaucon* où sont stigmati-
sées ces deux maladies morales qui déjà infectaient notre
pays : le désir du changement et la prétention des igno-
rants à gouverner.

Le public de ce temps-là s'y connaissait, en fait d'esprit.

La réputation vint à Andrieux sans qu'il lui fît vio-
lence.

C'est alors que le frère du premier Consul assura à
l'homme de lettres une existence honorable, en le nommant son bibliothécaire. Bientôt à ce bienfait la Providence
en ajouta un autre; il trouva l'occasion que ses goûts et la
nature de son esprit lui faisaient rechercher depuis longtemps, celle d'exercer l'enseignement. Il obtint la chaire
de littérature de l'école Polytechnique et plus tard celle du
Collége de France.

§ VII.

Lorsqu'il commença la carrière du professorat, il était âgé de quarante ans. Imagination enjouée, esprit fin, lucide, parfaitement droit et cœur aussi droit que l'esprit; s'il n'avait pas produit des ouvrages d'un ordre supérieur, il s'était du moins assez essayé dans les divers genres de littérature pour connaître tous les secrets de l'art.

Sans leçon écrite, avec son immense instruction toujours présente, avec les souvenirs d'une longue vie, il montait dans sa chaire, toujours entourée d'un auditoire nombreux; sa voix faible et cassée, mais claire dans le silence, s'animait par degrés, prenait un accent naturel et pénétrant, et il se faisait entendre à force de se faire écouter, comme l'a dit M. Villemain. Sincèrement bonhomme, fertile en anecdotes choisies et bien dites, il moralisait beaucoup. Il répétait que la littérature n'était pas un but mais un moyen; que la véritable fin de l'homme était le bonheur, auquel les belles-lettres bien étudiées devaient nous mener par la voie la plus sûre et la plus agréable.

Qui n'aurait été charmé de ce littérateur aimable qui donnait la meilleure des instructions, celle d'un homme de bien, qui s'attachait à former des citoyens utiles et jouissait par avance des services que ses élèves devaient rendre au pays.

Forcé de varier les leçons qu'il avait tous les ans à reproduire, il étudiait sans cesse lui-même et se faisait écolier pour mieux apprendre à rester maître. Studieux avec friandise, il possédait la littérature anglaise par le côté d'Addison, de Pope, de Goldsmith. Il savait le grec à merveille et par conséquent beaucoup mieux que les gens de lettres ne le savaient de son temps ; il l'avait appris deux fois. Une distraction d'un demi-siècle l'avait rendu totalement étranger à cet idiome qu'il avait su dans son enfance ; et ce fut à sa soixante-dixième année qu'il se sentit dévoré du désir de l'apprendre encore. Il se remit comme un enfant laborieux aux difficiles rudiments de la langue d'Homère et d'Euripide. Son application constante triompha des difficultés, et je ne saurais décrire la joie que lui fit éprouver le premier thème où son jeune précepteur n'avait trouvé rien à reprendre.

§ VIII.

Depuis que Napoléon avait succombé à Waterloo, d'autres idées avaient apparu avec un nouveau régime ; on attaquait, on dénigrait tout ce qui s'était fait sous l'Empire. La littérature, la poésie surtout n'échappaient point à cette proscription générale ; et les auteurs et les critiques, se divisant en deux camps, classique et romantique, transportaient dans les questions de goût et d'imagination leur activité d'amour ou de haine.

Jamais plus brillant tournoi ne s'était livré sous les yeux du monde intellectuel. L'opinion d'Andrieux ne pouvait être douteuse ; cette opinion lui était dictée par ses antécédents, ses souvenirs, ses qualités et ses défauts ; mais sa bienveillance naturelle ne s'altérait jamais, même en s'aiguisant de malice ! Ce n'est pas lui qui eût mêlé du fiel aux querelles littéraires. Disciple de Voltaire, il ne condamnait que ce qui l'ennuyait et ne repoussait absolument que ce qui pouvait corrompre les esprits et les âmes.

Il pardonnait au génie d'être quelquefois barbare, mais non pas de chercher à l'être. Quiconque se fait ce qu'il n'est pas, disait-il, est sans génie. Le vrai génie consiste à être tel que la nature nous a fait : hardi, incorrect dans le siècle et la patrie de Shakespeare ; pur, régulier et poli dans le siècle et la patrie de Racine ; être autrement, c'est imiter.

En fait de langage, Andrieux tenait à la pureté et à l'élégance dont il était un modèle. Il ne comprenait pas les essais faits sur une langue dans le but de la renouveler. Le propre d'une langue, c'était, suivant lui, d'être une convention admise et comprise de tout le monde. On peut faire une révolution complète dans les idées, sans être obligé de bouleverser la langue pour les exprimer. De Bossuet et Pascal à Montesquieu et Voltaire quel immense changement ! Et cependant c'est dans la langue pure et coulante de Racine que Voltaire a exprimé les pensées les plus étrangères au siècle de Louis XIV.

Défiez-vous, ajoutait Andrieux, des gens qui disent qu'il faut renouveler la langue ; c'est qu'ils cherchent à produire avec des mots des effets qu'ils ne savent produire avec des idées. Jamais un grand penseur ne s'est plaint de la langue comme d'un lien qu'il fallait briser.

§ IX.

Qui songe maintenant à ces interminables querelles? Le temps n'est plus des doux loisirs et des fêtes consacrées aux muses. Comme autrefois les classiques sont les excellents auteurs, à quelque école qu'ils appartiennent; et l'on est revenu tout doucement à ce mot répété souvent par le vénérable écrivain dont nous parlons : « Il est inu-» tile de distinguer les ouvrages selon le parti qui les » produit ou les pousse; en somme, ils sont bons ou mau-» vais et voilà tout : Lisez les premiers, laissez les » autres. »

Andrieux ne considérait ni la délicatesse de sa consti-tution, ni les conseils de ses amis et de sa famille. On le pressait en vain d'abandonner les cours qui avaient popularisé son nom, de se renfermer dans les paisibles devoirs que lui avait imposés l'Académie française en le nommant son secrétaire perpétuel. Il regardait sa chaire comme un champ d'honneur. Un ouvrage important accélérait encore l'épuisement de ses forces. Tourmenté de la crainte que ses leçons orales ne fussent bientôt effacées de la mémoire de ses élèves, il voulut résumer dans un cours écrit les préceptes et les exemples qu'il avait disséminés dans ses improvisations.

Le temps fuyait, les infirmités se faisaient sentir. An-

drieux craignait que ses facultés intellectuelles ne s'affai-
blissent comme ses organes physiques. Il se hâtait donc,
mais il se hâtait sans précipitation ; car il voulait que son
dernier ouvrage fût le moins faible et surtout le plus
utile de tous ceux qu'il avait composés ; il voulait que la
jeunesse ne répudiât point le legs du vieillard. Mais la
mort n'entendit point raison et avant d'avoir publié son
Cours de littérature, Andrieux rejoignit dans la tombe, en
1833, les amis qu'une douce conformité de goût et de travaux avait donnés à sa jeunesse.

« Il avait vu, a dit M. Thiers en prenant possession
» de son fauteuil à l'Académie française, il avait vu lut-
» ter bien des haines et n'en avait jamais ressenti ni par-
» tagé ; il avait traversé bien des partis et n'avait cher-
» ché qu'à les réconcilier ; il avait vu changer bien des
» hommes et était resté toujours le même ; il avait assisté
» à bien des révolutions et n'avait jamais songé qu'à la
» patrie. »

CLERMONT, TYP. FERD. THIBAUD.

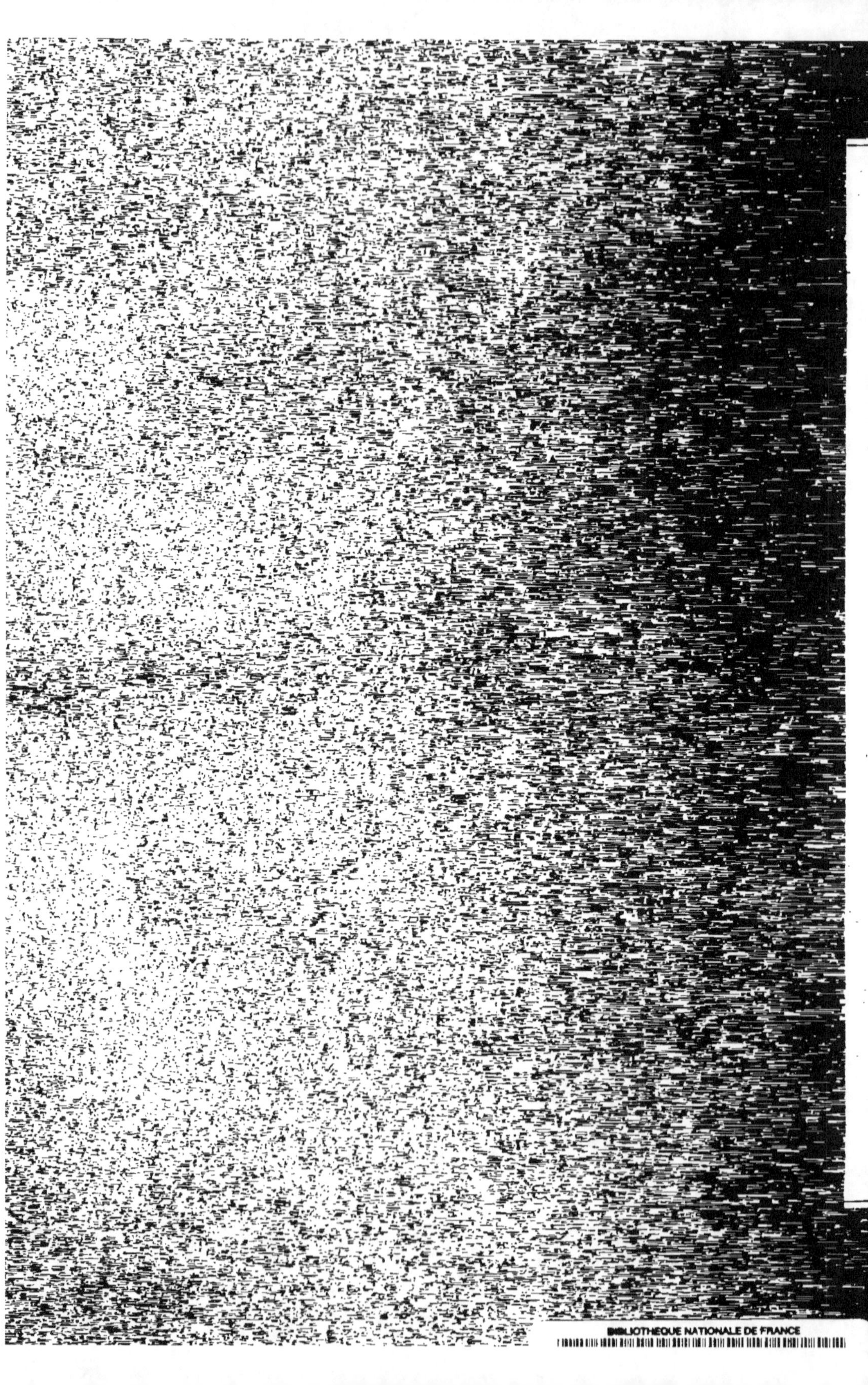